HECTOR GOES TO THE CIRCUS

HECTOR VA AU CIRQUE

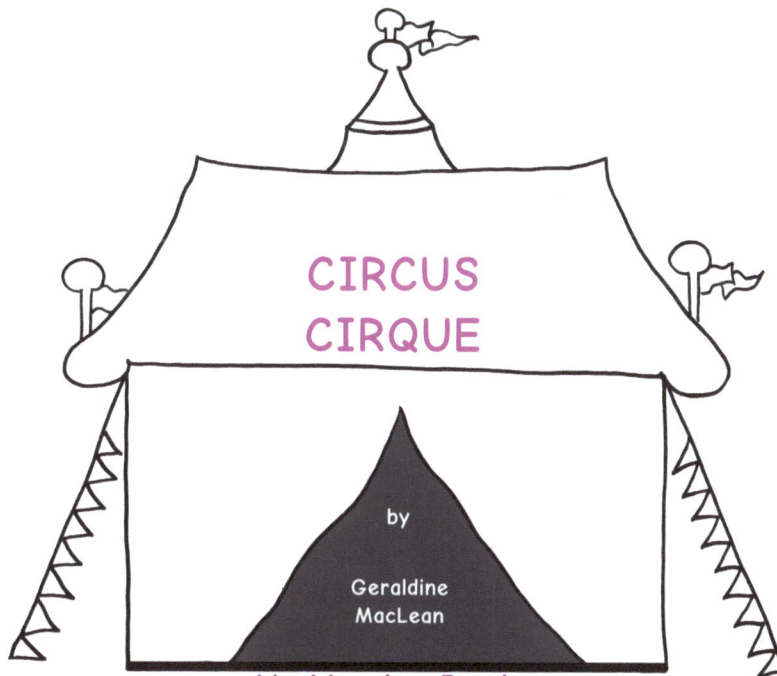

I0157604

CIRCUS
CIRQUE

by

Geraldine
MacLean

Up Yonder Books
2014

For Agnes of Boisdale,
Cape Breton, who loved
her pig.

Pour Agnès, de Boisdale au
Cap-Breton, qui aimait son
cochon.

Hector was the cheeriest
piglet in the farmyard.
Mrs. Connors thought so and she
was an expert on raising pigs
and chickens and all sorts of
farm critters.

Hector était le cochon
le plus joyeux de la ferme.
C'est du moins ce que pensait
Mme Connors et elle était
experte en élevage des cochons,
de poulets et de toutes
sortes de créatures de la ferme.

Hector was the first pig
Mrs. Connors really loved
and whenever she came
to the barn, she tickled his
ears.

Hector était le premier cochon
que Mme Connors eut vraiment aimé.
À chaque fois que Mme Connors
venait à la grange, Hector lui offrait
un grand sourire joyeux et
elle lui chatouillait l'oreille.

She scratched his belly
with his favourite stick.

Elle lui grattait le ventre
avec son bâton favori.

And she tweaked
his curly tail.

Et elle jouait avec sa queue
en tire bouchon.

One September afternoon,
when Mr. and Mrs. Connors
were having tea and cupcakes,
Mr. Connors mentioned it was time
to sell Hector at the Fall Fair.

Un après-midi de septembre
alors que M. et Mme Connors
buvaient le thé et
mangeaient des petits gâteaux,
M. Connors mentionna qu'il était temps
de vendre Hector à la foire d'automne.

Mrs. Connors turned very
quiet. She'd known all summer
this day would come but dared
not think about it. What could she do?
She could not, would not, sell
her beloved Hector to the highest bidder.

Mme Connors devint silencieuse.
Elle avait su tout l'été que ce jour viendrait,
mais elle n'avait jamais osé y penser.
Que pouvait-elle faire ?
Elle ne pourrait quand même pas,
et ne laissera pas,
son bien-aimé Hector aller au plus offrant.

Mme Connors eut une idée de génie.

Mrs. Conners had a sparkling idea.

Le cirque était en ville. Peut-être, peut-être seulement, qu'Hector pourrait le rejoindre.
« Qu'en pensez-vous, M. Connors ? »

The circus was in town. Maybe, just maybe, Hector could join it.
"What do you think, Mr. Connors?"

Mr. Connors rubbed his chin
and he scratched his head. He
pulled on his left ear and Mrs.
Connors knew he was thinking very hard.

"That is a very fine idea."

M. Connors se frotta le menton et
se gratta la tête.
Il tira sur son oreille gauche et
Mme Connors savait qu'il pensait très fort.

« Mme Connors, c'est une très bonne idée. »

The next day, Mrs. Connors
explained everything to Hector
as she washed his nose and
scrubbed his feet. She brushed his
coat till it shone and tied a green ribbon
on his tail.

Le lendemain, Mme Connors expliqua tout à Hector
pendant qu'elle lui lavait le nez et
qu'elle lui brossait les pattes.
Elle lui brossa le dos jusqu'à ce qu'il brille et
lui attacha un ruban vert sur la queue.

When Hector was circus-ready,
Mr. and Mrs. Connors took
him to meet Mr. Banes, the ringmaster.

Quand Hector fut prêt pour le cirque,
M. et Mme Connors lui présentèrent
M. Banes, le Monsieur Loyal.

Mr. Banes noted Hector's
wide smile and his perfect,
tip-toe balance. "We have
a winner!"

M. Banes remarqua le large sourire d'Hector
et son parfait numéro de dance en équilibre
sur la pointe des pieds :
« Nous avons un heureux gagnant ! »

Every September after,
when the circus came to town,
Mr. and Mrs. Connors cheered
for Hector, the happiest pig in the world.

Tous les mois de septembre suivants,
lorsque le cirque venait en ville,
M. et Mme Connors applaudissaient Hector,
le cochon le plus heureux du monde.

THE END

For more funny bone tickles,
search the Apple app store for interactive
and animated:
ELSWITH THE WITCH.
Check out Amazon Books for:
MALKY JOE IN THE GREAT CRUISE CAPER.

Learn more and have fun. Search Learn
French by LessonStudio in the Apple App store,
get started for FREE! Ages 6 to 106.

FIN

D'autres histoires:
ELSWITH LA SORCIÈRE.
Un livre d'images interactif, animé,
et disponible sur l'App Store d'Apple.
MALKYJOE DANS LA GRANDE CROISIÈRE
Disponible sur Amazon.

ET MAINTENANT,
AMUSEZ-VOUS BIEN
À COLORIER LES PAGES SUIVANTES !

STEP RIGHT UP
AND COLOUR
THE NEXT PAGES
FOR FUN!!!

Hector va au cirque

Hector Goes to the Circus

by

Geraldine
MacLean

Up Yonder Books

2014

www.ingramcontent.com/pod-product-compliance
Lightning Source LLC
Chambersburg PA
CBHW042104040426
42448CB00002B/139